ABOUT HABITATS: FOREST

Text Copyright © 2014 by Cathryn P. Sill.
Illustration Copyright © 2014 by John C. Sill.
Published by arrangement with Peachtree Publishers.

Korean translation Copyright © 2016
by Daseossure Publishing Co. Ltd.
This Korean Language Edition is published by
arrangement with Peachtree Publishing Co., Ltd.
through The Agency Sosa

이 책의 한국어판 저작권은 에이전시 소사를 통해
Peachtree Publishing Co. Ltd와의 독점 계약으로 도서출판 다섯수레에 있습니다.
저작권법에 의해 한국 내에서 보호를 받는 저작물이므로 무단 전재와 무단 복제를 금합니다.

서식지 ❷
생명이 숨 쉬는 세계의 숲

# 나는 숲에서 살아요

# 세계의 산림지대

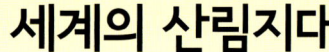

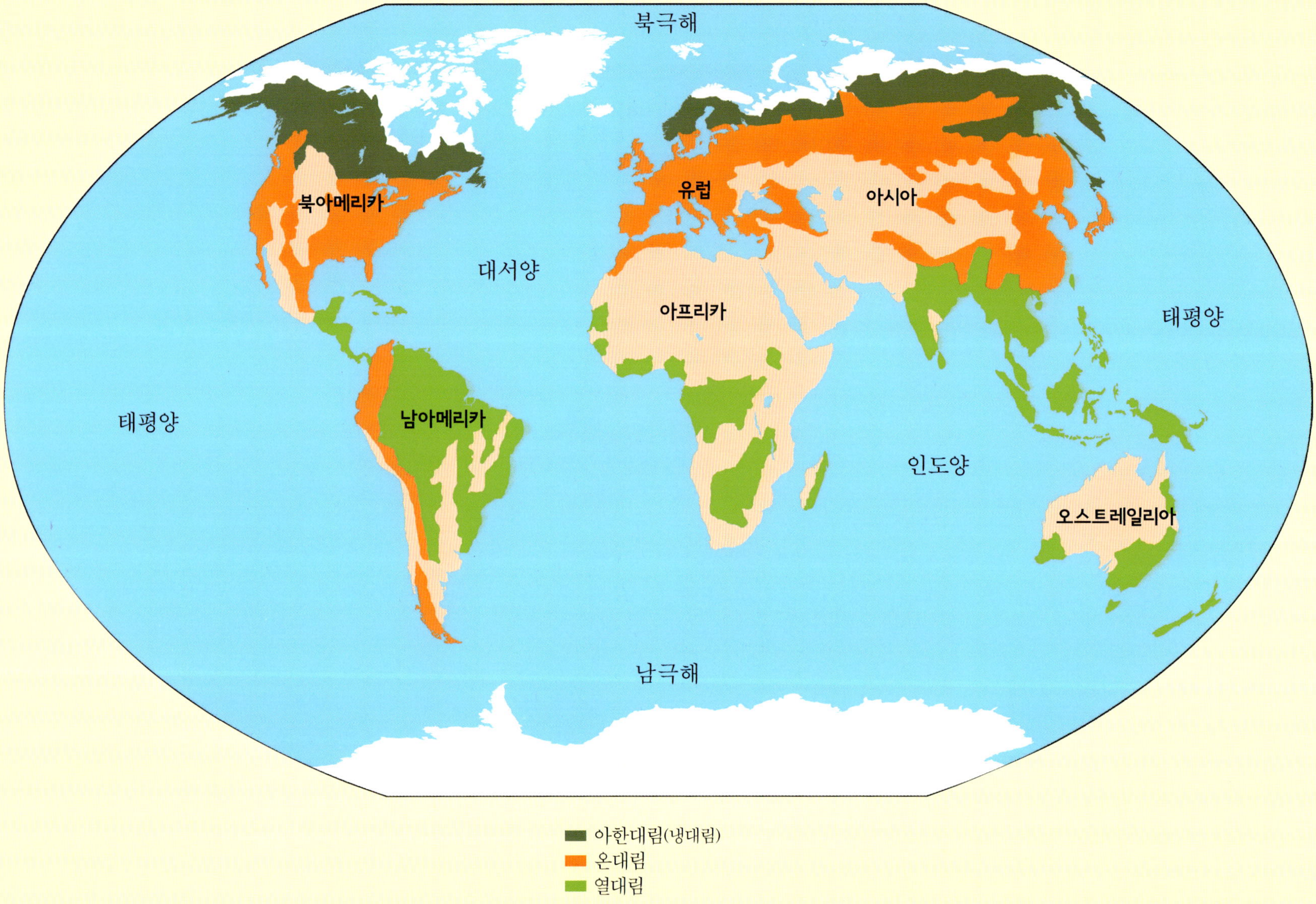

북극해
북아메리카
유럽
아시아
대서양
아프리카
태평양
태평양
남아메리카
인도양
오스트레일리아
남극해
아한대림(냉대림)
온대림
열대림

생명이 숨 쉬는 세계의 숲

# 나는 숲에서 살아요

글 캐서린 실 • 그림 존 실 • 옮김 김혜원

다섯수레

# 숲은 많은 나무로 덮인 넓은 지역입니다.

숲은 나무가 자라기에 충분히 따뜻한 날씨와 물이 있는 장소에 생겨납니다.
지구 위에 있는 땅의 3분의 1은 숲으로 덮여 있습니다.
온대와 한대 사이에 세계에서 가장 넓은 숲 '아한대림'이 있습니다.
아한대림은 가문비나무, 소나무, 잎갈나무 같은 방울 열매를 맺는
나무들로 이루어져 있습니다.
회색늑대는 다른 서식지뿐 아니라 아한대림에서도 살고 있습니다.
회색늑대는 북반구 대부분의 지역에서 볼 수 있었지만,
지금은 북아메리카와 유라시아의 일부 지역에서만
볼 수 있습니다.

**아한대림(냉대림)**
**BOREAL FOREST**

회색늑대 뒤로 미국 낙엽송이
빽빽이 들어차 있어요.

## 숲을 이루는 나무와 식물은 크기도 다르고, 높이도 다르게 자랍니다.

숲은 층에 따라 다른 종류의 식물이 자랍니다.
숲의 대부분을 이루는 세 개의 주요 층은
이끼나 버섯이 자라는 '숲의 바닥', 낮은 식물들이 군락을 이루는 '하층',
숲의 지붕을 이루는 '수관층(캐노피)'입니다.
열대의 숲에는 '초고목층'이라고 불리는 네 번째 층도 있습니다.
초고목층은 수관층 위로 자라는
아주 키 큰 나무들로
이루어집니다.

**열대우림**
TROPICAL RAINFOREST

숲의 바닥, 하층, 수관층(캐노피)에서
여러 가지 식물이 자라고 있어요.

키가 큰 나무들은 숲의 가장 높은 층을 차지하는데,
이곳을 '수관층'이라고 부릅니다.

수관층에 있는 나뭇가지들이 햇빛을 가장 많이 받기 때문에
수관층은 두껍게 층을 이루어 자라고, 그 아래로 그늘을 만들게 됩니다.
많은 식물과 동물이 수관층에 살고 있습니다.
빽빽한 수관층의 가지들은 식물의 표면이나 바위에 붙어서 자라는 '착생식물'로
덮이는 경우가 많아요. 착생식물은 물과 영양분을 흙 대신 공기에서 얻습니다.
중앙아메리카와 남아메리카의 북쪽 숲에는
긴 꼬리와 고운 빛깔의 깃털을 가진 케찰이 살고 있습니다.

**운무림**
CLOUD FOREST

케찰이 수관층의 나뭇가지 위에
앉아 쉬고 있어요.

## 키가 작은 나무와 덤불은 '하층'에서 자랍니다.

아래쪽의 나무와 덤불은 수관층만큼 햇빛을 많이 받지 못해요.
그래서 어린 나무들은 희미한 빛을 받으며 천천히 자라다가
큰 나무들이 쓰러져 틈이 생겼을 때 햇빛이 들어오면 쑥쑥 자라서
수관층의 일부가 됩니다.
그늘에서도 잘 자라는 작은 나무와 덤불은 큰 나무 아래에 살아요.
북아메리카의 북서쪽 온대우림의 하층에는
검은가슴띠지빠귀들이 살고 있어요.

**온대강우림**
TEMPERATE RAINFOREST

검은가슴띠지빠귀가 활짝 피어 있는
로도덴드론을 바라보고 있어요.

## 버섯과 작은 식물은 '숲의 바닥'에서 자라요.

매년 잎이 떨어지는 낙엽수림의 바닥에는 많은 식물이 살고 있어요.
이 식물은 이른 봄이 되면 나뭇잎이 그늘을 만들기 전에 자라서
꽃을 피웁니다.
그래야 생장기에 가장 많은 빛을 얻을 수 있으니까요.
이끼는 숲의 바닥처럼 습하고 그늘진 곳에 사는 작은 식물입니다.
버섯은 식물과 비슷한 생물이지만 꽃도 없고 잎도 없어요.
동부줄무늬다람쥐는 북아메리카 동쪽 낙엽수림에 사는
작은 땅다람쥐입니다.

**낙엽수림**
**DECIDUOUS FOREST**

동부줄무늬다람쥐가 양탄자 같은 이끼 위에 앉아 있네요.
낙엽 사이로 곰보버섯, 나비난초속 식물,
크리스마스 고사리가 피어 있어요.

## 봄, 여름, 가을, 겨울……, 사계절이 있는 숲도 있어요.

사계절이 있는 낙엽수림은 날씨가 너무 덥지도, 춥지도 않은
온대 지역에 분포합니다.
낙엽수림은 따뜻한 여름이 길고, 추운 겨울은 짧으며
비가 많이 내리는 곳에서 잘 자랍니다.

**낙엽수림**
DECIDUOUS FOREST

낙엽수림은 계절마다
다른 빛깔의 숲으로 변해요.

겨울 봄 여름 가을

## 사계절이 있는 숲에서 자라는 나무들은 가을이 되면 잎을 떨어뜨려요.

낙엽수림의 나뭇잎들은 가을이 되면 색이 변하고 가지에서
떨어집니다.
나무는 겨울에는 성장을 멈췄다가 따뜻한 봄이 되면
다시 자라기 시작해 잎을 틔우고, 여름이 오면 더욱 성장합니다.
유럽들소는 유럽 대부분의 숲에서 살던 동물입니다.
그런데 사람들이 무분별하게 사냥을 하고, 보금자리인 숲이 사라지자
야생 상태에서는 볼 수 없게 되었습니다.
유럽들소는 동유럽 몇 곳에서만 살고 있습니다.

**낙엽수림**
DECIDUOUS FOREST

유럽들소가 가을빛으로 물든
자작나무 숲을 거닐고 있어요.

## 어떤 숲은 일 년 내내 매우 추워요.

북녘의 아한대림은 가장 면적이 넓은 숲입니다.
이곳은 겨울이 여덟 달 동안 지속되어 식물이 자랄 수 있는 기간이
매우 짧습니다.
겨울에는 영하 46도까지 떨어질 때도 있습니다.
아한대림은 북아메리카 북쪽 지역부터 유라시아에 걸쳐 분포합니다.
눈덧신토끼는 북아메리카의 아한대림에 살아요.
깊게 쌓인 눈 위를 뛰어다니기에 안성맞춤인 커다란 발 때문에
'눈덧신토끼'라는 이름이 붙었습니다.

**아한대림(냉대림)**
**BOREAL FOREST**

눈이 쌓인 지붕 같은 캐나다 가문비나무 가지 아래
눈덧신토끼가 앉아 있네요.

## 추운 숲에서 자라는 나무는 바늘처럼 가늘고 끝이 뾰족한 '바늘잎'을 가지고 있어요.

아한대림에서 자라는 대부분의 나무는 잎이 가늘고 뾰족한 침엽수입니다.

많은 침엽수들은 상록수이고, 일 년 내내 바늘잎을 달고 있어요.

나뭇가지에는 씨가 들어 있는 '구과'가 열립니다.

구과는 단단하고 비늘처럼 조각이 여러 겹 포개진 모양의 열매입니다.

침엽수는 나무 모양이 아래쪽은 넓고, 위로 갈수록 뾰족해서

눈이 오면 쌓이지 않고 흘러내립니다.

이런 나무 모양 덕분에 눈이 쌓여 그 무게로 인해

가지가 부러지는 것을 막을 수 있어요.

시베리아어치는 유라시아의 아한대림의 텃새로 나무껍질 틈 사이에

먹이를 저장해 두고 겨울을 납니다.

**아한대림(냉대림)**
**BOREAL FOREST**

시베리아어치가 앉아 있는
캐나다 가문비나무 가지에 구과가 달려 있네요.

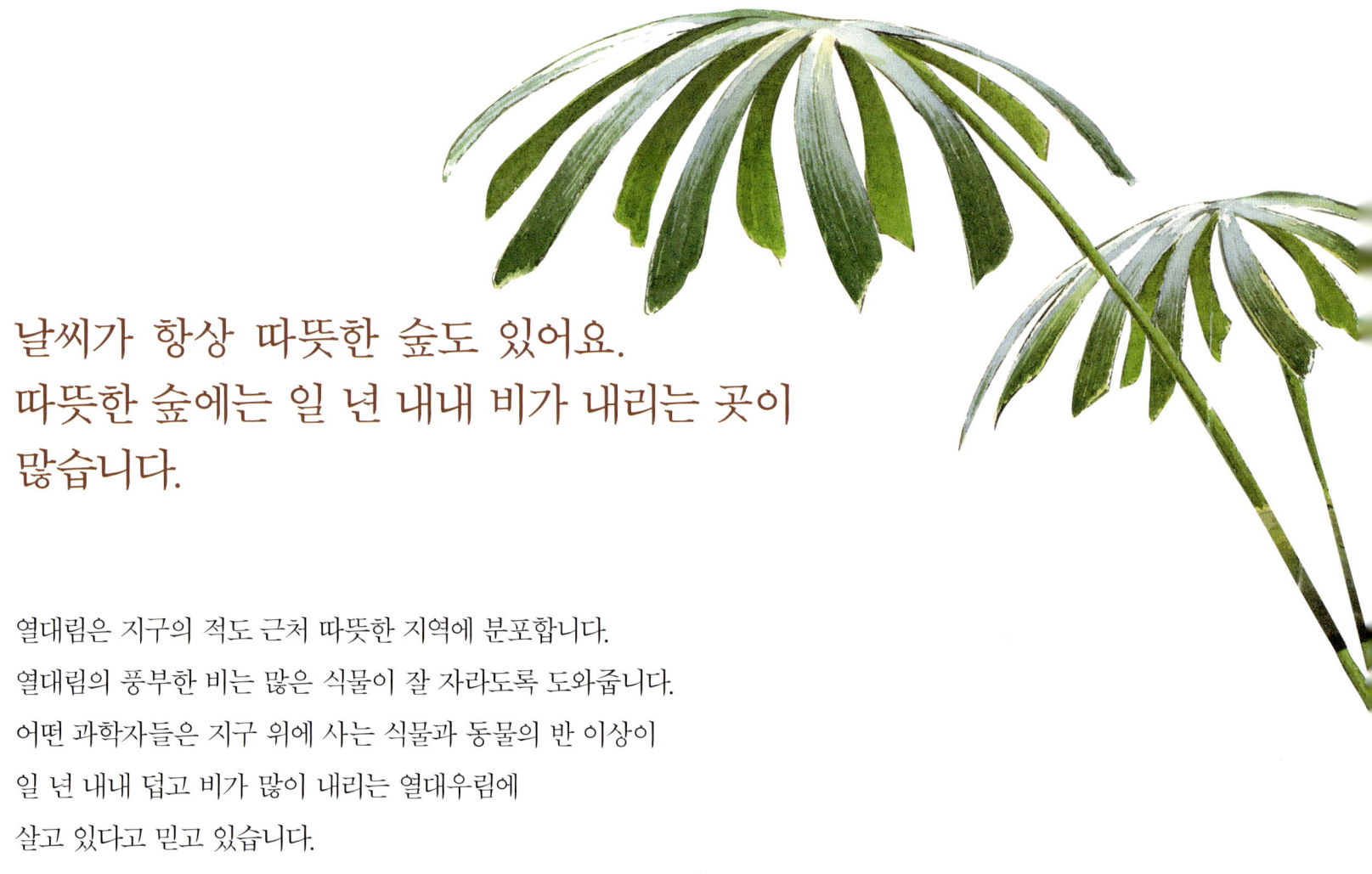

날씨가 항상 따뜻한 숲도 있어요.
따뜻한 숲에는 일 년 내내 비가 내리는 곳이
많습니다.

열대림은 지구의 적도 근처 따뜻한 지역에 분포합니다.
열대림의 풍부한 비는 많은 식물이 잘 자라도록 도와줍니다.
어떤 과학자들은 지구 위에 사는 식물과 동물의 반 이상이
일 년 내내 덥고 비가 많이 내리는 열대우림에
살고 있다고 믿고 있습니다.
오랑우탄은 동남아시아의 열대우림에 살아요.
나무에 집을 짓고 살고 가끔씩 커다란 잎을
우산으로 사용하지요.

**열대우림**
TROPICAL RAINFOREST

오랑우탄이 쓴 우산에서
빗물이 떨어지네요.

## 따뜻한 숲에는 비가 많이 내리는 '우기'와 비가 오지 않는 '건기'가 있어요.

모든 열대의 숲이 일 년 내내 비가 내리는 것은 아니에요.
열대건조림의 많은 나무들은 건기에 잎이 떨어집니다.
무지개왕부리새는 남아메리카의 중앙과 북쪽에 살아요.
열대건조림의 강이나 시냇물 주변에서 무지개왕부리새를
쉽게 찾을 수 있습니다.

**열대건조림**
TROPICAL DRY FOREST

무지개왕부리새가 나뭇가지에 앉아
무엇을 바라보고 있을까요?

## 많은 동물이 숲에서
## 먹이와 보금자리를 찾습니다.

숲에 사는 동물은 눈에 잘 띄지 않아요.
수관층의 높은 나뭇가지에 있거나 나무껍질과
비슷한 색으로 위장하지요.
바닥에 숨기도 하고, 땅속에 묻혀 있기도 합니다.
흑곰, 넓적날개말똥가리, 나무발바리, 상자거북, 물음표나비,
붉은 반점 도롱뇽은 북아메리카 동부의
낙엽수림에 살아요.

**낙엽수림**
DECIDUOUS FOREST

나무껍질과 낙엽 속에 숨어 있는
동물을 찾아볼까요?

## 어떤 동물은 나무에서 삽니다.

나무에 사는 몇몇 동물은 숲의 바닥으로 절대 내려오지 않습니다.
그러나 초록나무비단구렁이처럼 먹이를 찾아 땅으로 내려오는
동물도 있습니다. 초록나무비단구렁이는 가지에 몸을 고리 모양으로 휘감고
그 가운데에 머리를 두고 나무에 매달려 지내요.
초록나무비단구렁이는 인도네시아, 파푸아뉴기니,
오스트레일리아의 북쪽 열대림에 삽니다.

**열대우림**
TROPICAL RAINFOREST

초록나무비단구렁이가 나뭇가지에 몸을 감고
무얼 하려는 걸까요?

## 나무 아래에서만 사는 동물도 있어요.

숲의 바닥은 어둡고 습하지만 많은 동물이 그곳에 살면서 사냥을 합니다.
곤충과 애벌레는 땅에 떨어진 죽은 식물을 먹습니다.
가위개미는 나뭇잎을 땅속 집으로 가져가서 입으로 잘게 잘라서 저장합니다. 이 나뭇잎 조각에서 자라는 균들이 개미의 먹이입니다.
흰색 코를 가진 긴코너구리는 곤충과 작은 동물, 과일을 먹습니다.
가위개미와 흰색 코를 가진 긴코너구리는 아메리카 전역에 살고 있어요.
딸기독화살개구리는 개미와 진드기를 잡아먹으며
중앙아메리카의 일부 지역에 살고 있습니다.

**우림의 바닥**
RAINFOREST FLOOR

딸기독화살개구리가 먹이를 나르고 있는
가위개미 행렬을 노려보고 있지요?
흰색 코를 가진 긴코너구리는 무얼 찾고 있을까요?

## 숲은 지구의 물이 깨끗하고 순수하게 유지될 수 있도록 도와줍니다.

숲은 지구의 물을 깨끗하게 유지하고 신선하게 저장하도록 도와줍니다.
나무는 비나 눈으로부터 생기는 물이 땅으로
천천히 스며들도록 도와주지요.
숲의 흙은 오염 물질을 걸러 주고,
숲의 물을 시냇물이나 강, 지하수로 내보내 줍니다.
숲의 식물은 홍수나 산사태가 나는 것을 방지해 주지요.
북아메리카수달은 북아메리카 지역의 호수, 강,
시냇물에 살고 있어요.

**낙엽수림**
DECIDUOUS FOREST

북아메리카수달은
낮은 산지에 있는 시내에 살아요.

## 숲은 사람들에게 필요한 많은 물건과 먹을 것을 제공합니다.

세계의 많은 사람들이 숲에서 살고 일합니다.
숲은 사람들에게 과일이나 견과류 같은
여러 가지 먹을거리를 제공해 줍니다.
사람들은 숲의 식물에서 약을 얻기도 합니다.
나무로 만든 목재는 집을 짓거나 종이를 생산하는 데
중요한 재료가 됩니다.

**숲에서 얻는 먹을 것과 생활용품**
나무로 만든 물건을 찾아볼까요?

초콜릿

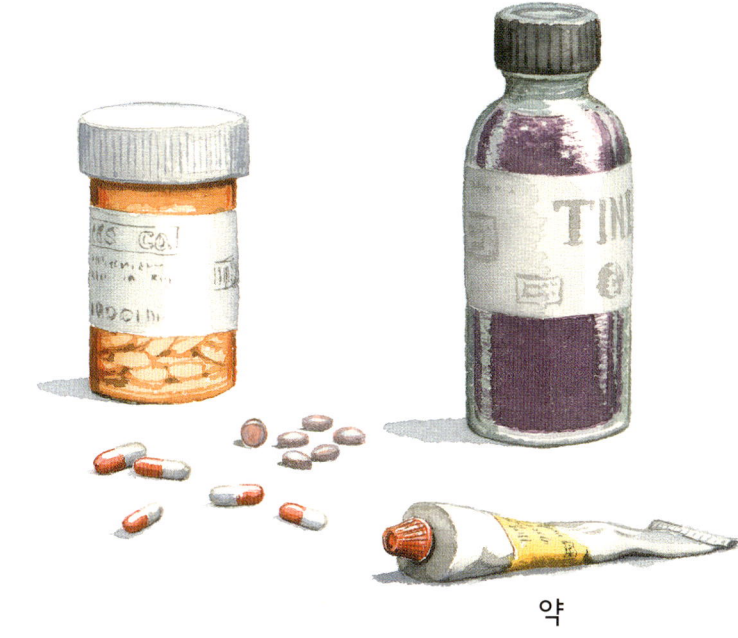
약

의자

책, 신문, 티슈

## 숲은 우리가 보호해야 할 중요한 곳입니다.

너무나 많은 나무들이 베어지고 있기 때문에
여러 곳에서 숲이 위험에 처해 있습니다. 사람들은 농사를 짓거나
목재 생산품을 얻기 위해 숲을 없애고 있지요.
숲을 잘 관리하면 숲은 사람과 자연에게 많은 혜택과 자원을
지속적으로 제공할 것입니다. 나무를 베는 만큼 심는다면
숲의 면적은 유지될 수 있습니다.
큰 흑백색 딱따구리는 북아메리카 남동쪽 강변의 낮은 지대에 있는
숲에 살았습니다. 많은 과학자들은 큰 흑백색 딱따구리가
이제는 서식지의 파괴로 멸종되었다고 믿고 있습니다.

**오래된 낙엽성 숲**
OLD-GROWTH DECIDUOUS FOREST

단단한 부리를 가진 큰 흑백색 딱따구리가
먹이를 찾기 위해 나무줄기에 붙어 있어요.

# 용어 배우기

**열대** 일 년 내내 매우 더운 적도에 가까운 지역

**한대** 일 년 내내 매우 춥고 여름에도 얼음이 완전히 녹지 않는 지역

**온대** 매우 덥지도 춥지도 않은 지역

**아한대** 온대와 한대 사이의 지역

**열대우림** 적도 지역에 분포하는 고온다습한 환경을 가진 숲

**아한대림(냉대림)** 침엽수림이 주종을 이루는 아한대 지역에 분포하는 숲

**낙엽수림** 낙엽이 지는 나무로 이루어진 숲

**운무림** 구름이나 안개가 끼는 숲

**구과** 비늘처럼 조각이 여러 겹 포개진 모양의 침엽수의 열매

**침엽수** 입이 바늘처럼 길고 뾰족하고, 구과를 맺는 나무

**착생식물** 다른 식물의 몸통이나 가지에 얹혀 사는 식물

**상록수** 일 년 내내 잎이 푸른 나무

**글 캐서린 실 선생님은**
초등학교 선생님이었으며 극찬받고 있는 '자연 그림책' 시리즈의
저자입니다. 남편인 존 실, 시동생인 벤 실과 함께 새 관련 그림책을
여러 권 펴냈습니다.

**그림 존 실 선생님은**
널리 알려진 야생 동식물 화가입니다. '자연 그림책' 시리즈의 그림뿐만 아니라
새 관련 그림책을 공동 집필하였습니다. 노스캐롤라이나에서 태어나
노스캐롤라이나 주립대학교에서 야생생물학을 공부하였습니다.
실 부부는 노스캐롤라이나 프랭클린에 살고 있습니다.

**옮김 김혜원 선생님은**
나무와 사랑에 빠져 직장을 그만두고 나무 공부를 시작한, 두 아이의 엄마입니다.
신구대학교 식물원, 서울대학교 수목원을 거쳐 지금은
서울대학교 농업생명과학대학 산림과학부 대학원에서
나무를 공부하고 있습니다.

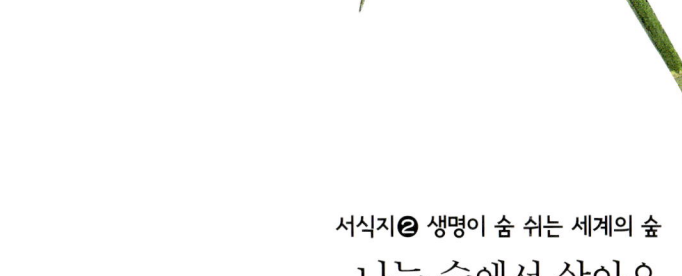

서식지❷ 생명이 숨 쉬는 세계의 숲
# 나는 숲에서 살아요

처음 찍은 날 | 2016년 3월 5일
처음 펴낸 날 | 2016년 3월 15일

글 | 캐서린 실   그림 | 존 실   옮김 | 김혜원
펴낸이 | 김태진
펴낸곳 | 다섯수레

기획 편집 | 조주영, 김경희   디자인 | 이영아
마케팅 | 이상연, 이송희   제작관리 | 송정선

등록번호 | 제3-213호 • 등록일자 | 1988년 10월 13일
주소 | 경기도 파주시 광인사길 193(문발동) (우 10881)
전화 | (02) 3142-6611(서울사무소) • 팩스 | (02) 3142-6615
홈페이지 | www.daseossure.co.kr
인쇄 | (주)로얄 프로세스

ⓒ 다섯수레, 2016

ISBN 978-89-7478-404-1 74470
978-89-7478-402-7 74470(세트)

이 도서의 국립중앙도서관 출판예정도서목록(CIP)은 서지정보유통지원시스템
홈페이지(http://seoji.nl.go.kr)와 국가자료공동목록시스템(http://www.nl.go.kr/kolisnet)에서
이용하실 수 있습니다. (CIP제어번호: 2016005096)

**서식지 ❶ 넓고 깊은 바다, 대양**

## 나는 바다에서 살아요

대양은 지구에서 가장 넓은 서식지예요.
태평양, 인도양, 대서양, 북극해와 남극해가
모두 하나로 이어져 있지요.
일 년 내내 얼어붙는 북극의 바다에서부터
햇빛이 전혀 들어오지 않는
깊숙한 바다 속까지, 넓고 깊은 대양에는
어떤 동물과 식물이 살고 있을까요?

**캐서린 실 글 | 존 실 그림 | 김병직 옮김**

# '계절을 배워요'

'계절을 배워요'는 5·6세에서 7·8세 어린이를 위한
자연공부 그림책입니다.

봄, 여름, 가을, 겨울 사계절 자연의 변화를 따라가며
자연의 신비와 생명의 소중함을 배워 갑니다.

갈색으로 물들어 가는
상수리 나뭇잎

**계절을 배워요 1**

### 잎에는 왜 단풍이 들까요?

초록색 잎들이 서늘한 가을이 되면서 아름다운 단풍으로
물들어 가요. 노랗고 빨갛게 물든 단풍에는 어떤 자연의
과학이 숨어 있을까요?

**편집부 글 | 정유정 그림 | 장진성 감수**

**계절을 배워요 2**

### 동물들은 어떻게 겨울나기를 하나요?

볼이 뽈록, 입 안 한 가득 도토리를 물어 나르는 다람쥐는
정신이 없어요. 찬바람이 불고 눈이 펑펑 내리는
추운 겨울 동물들은 어떻게 지낼까요?
오돌오돌 떨고 있을까요?
아니면 따뜻한 곳에 꼭꼭 숨어 있을까요?

**한영식 글 | 남성훈 그림**

**계절을 배워요 3**

### 식물은 어떻게 겨울나기를 하나요?

쌩쌩 찬바람이 불어 대는 겨울, 나무는 끄떡없이
서 있어요. 잎들을 다 떠나 보내고도 춥지 않은가 봐요.
무엇이 나무를 꽁꽁 얼지 않게 해 줄까요?
누가 복슬복슬 털옷을 입고 겨울을 지내나요?

**한영식 글 | 남성훈 그림**

www.daseossure.co.kr  다섯수레